09 Sundgau

PAUL MEYER · GEORG BIENZ

1. Ziel der Exkursion

Die Exkursion berührt einerseits einen sehr eigenständigen Teil der elsässischen Natur- und Kulturlandschaft, den Sundgau, und gibt anderseits einen Ausblick in das zwischen Jura und Vogesen eingeschlossene Verbindungsstück zwischen Rhein- und Rhône-Saône-Graben, die Burgunder Pforte, von einzelnen Autoren zu Recht auch Elsässer Pforte genannt.
Der Begriff «Sundgau» kann sowohl historisch verstanden werden (Südgau im Gegensatz zum Nordgau), als auch geographisch: ein leicht gewelltes Hügelland zwischen Mülhausen, Basel und Belfort, wobei jedoch keine der drei Städte als zum Sundgau gehörig betrachtet wird. Das oligozäne Hügelgebiet erhebt sich um 100 m über die Rheinebene; es wird von Rheinschottern und Löss bedeckt. Erstere legen Zeugnis dafür ab, dass der Rhein früher hier gegen W floss, letzterer ist aus den eiszeitlichen Schotterebenen verweht worden. Schotter und Löss sind unterschiedlich mächtig und ungleichmässig erhalten. Daher unterscheidet man einen östlichen, lössreichen und dem Ackerbau zugewandten, wohlhabenden «niederen» Sundgau und einen westlichen, lössärmeren, niederschlagsreicheren, von Weihern durchsetzten, mehr Viehzucht treibenden «höheren» Sundgau jenseits der Ill. Im S werden die Hügel von den ersten Falten des Pfirter Juras abgelöst. Die Grenze im E ist durch den Steilabfall zur Niederterrasse der Hardt klar gezogen, im W lässt sie sich mehr oder weniger mit der Wasserscheide zwischen Rhein und Rhône (Sprachgrenze, politische Grenze 1871–1918, 1940–44) gleichsetzen, im S verzahnt sich die französisch-schweizerische Grenze über Jura und Hügelland hinweg und im N muss man sie wohl zwischen Doller und Thur ziehen.
Auf den ersten Blick handelt es sich um ein Bauernland mit Altkirch als städtischem Zentrum. Der Sundgau genügte sich lange selbst, im Wirtschaftlichen wie im Sozialen, er war ein Museum von Archaismen, doch nach dem Zweiten Weltkrieg hat eine tiefgehende Wandlung im wirtschaftlichen und gesellschaftlichen Bereich eingesetzt. Die starke kulturräumliche Dynamik dieses ländlichen Raumes, die erhöhte Mobilität seiner Bewohner (Pendler) und das Erwachen eines eigenen Kulturbewusstseins sind für den aufmerksamen Beobachter leicht erkennbar.
Die Exkursionsroute betrifft im wesentlichen den alemannisch bevölkerten Raum, kann auch umgekehrt abgefahren oder auf mehr als einen Tag ausgedehnt werden. Sie führt zuerst durch das elsässische Umland von Basel, in die Rheinaue und über die Niederterrasse in den niederen E Sundgau zur zentralen Siedlung Altkirch. E der Ill berührt sie den hohen Sundgau, die Wasserscheide und die Sprachgrenze; sie gewährt einen Einblick in den elsässischen Jura, nähert sich der Grenzzone und endet in der Industrie- und Verkehrsstadt St-Louis.

2. Karten und Literatur

2.1 TOPOGRAPHISCHE UND GEOLOGISCHE KARTEN

I.G.N. (Institut Géographique National), Paris:
  1 : 100 000 (Carte touristique) No. 31 (St-Dié–Mulhouse–Bâle)
  1 : 50 000 F. XXXVII–21 Altkirch, XXXVII–22 Ferrette,
       XXXVI–21 Belfort
Club Vosgien: Carte des Vosges, 1 : 50 000, F. Mulhouse–Ferrette (mit Wanderwegen im E Sundgau)
Carte Michelin: 1 : 200 000, F. 87
Landeskarte der Schweiz, Bern:
  1 : 100 000 Bl. 26 (Basel)
  1 : 50 000 Bl. 212 (Boncourt), 213 (Basel)
Carte Géologique de France, Paris:
  1 : 80 000 F. 101 Altkirch–Huningue, 115 Ferrette
  1 : 50 000 F. 444 Belfort, 445 Altkirch–Huningue, 476 Ferrette
Geologischer Atlas der Schweiz, Bern:
  1 : 25 000 Bl. 1066 (Rodersdorf)

2.2 LITERATUR

Abkürzungen: RB: «Regio Basiliensis», Basler Zeitschrift für Geographie; BSHH: Bulletin de la Société d'Histoire de Huningue; ASHS: Annuaire de la Société d'Histoire Sundgauvienne.

Annaheim, H. (1955): Basel und seine Nachbarlandschaften. Basel
Atlas de l'Environnement. Alsace (1975). Université Louis Pasteur, Strassbourg
Atlas de l'Est (1970/75). Strasbourg/Nancy
Bach, G. (1975): Le maire alsacien de chez nous. Autoportrait des maires du coin frontalier (cantons de Huningue et Ferrette). RB XVI
Bulletin de la Société Industrielle de Mulhouse: 2/1973: Le Sundgau; 3/1979: La Petite Camargue; 4/1981: La Porte d'Alsace
Club Vosgien (1952): Ferrette et ses environs
Dézert, B. (1968): La croissance industrielle et urbaine de la Porte d'Alsace. Paris
Dézert, B. (1968): Porte de Bourgogne ou Porte d'Alsace? RB IX
Dirrig, R. (1959): Village-Neuf, un village maraîcher de la région française de Bâle. RB I
Eichenberger, U. (1968): Die Agglomeration Basel in ihrer raumzeitlichen Struktur. Basler Beitr. z. Gg. 8. Basel
Ewald, K. (1969): Agrarmorphologische Untersuchungen im Sundgau (Oberelsass) unter bes. Berücksichtigung der Wölbäcker. Liestal
Fischer, H. (1969): Geologischer Überblick über den südlichen Oberrheingraben und seine weitere Umgebung. RB X (mit Literatur)
Gallusser, W. (1980): Kulturräumliche Dynamik der Regio im Zeitraum 1960–1975. RB XXI
Gibert, A. (1930): La Porte de Bourgogne et d'Alsace. Paris
Grodwohl, M. (1973): Evolution du paysage sundgauvien. Bull. Soc. Ind. Mulhouse No. 751
Grodwohl, M. (1974): Recherches sur l'habitat rural en Alsace. Publ. Assoc. Maisons paysannes d'Alsace. Gommersdorf
Gschwend, M. (1973): Ländlicher Hausbau in der Regio Basiliensis. RB XIV
Guides Géologiques Régionaux: Vosges–Alsace, Jura. Paris 1976
Jaudel, L. (1957): St-Louis. BSHH
Jenny, J. F. (1969): Beziehungen der Stadt Basel zu ihrem ausländischen Umland. Basler Beitr. z. Gg. 10

Juillard, E. (1977): L'Alsace et la Lorraine (la France rhénane). Paris
Kiechel, L. (1969): Hüningen. Vergangenheit und Gegenwart einer Stadt neben Basel. RB X
Kiechel, L. (1975): Histoire d'une ancienne forteresse de Vauban: Huningue. Huningue
Kraft, P. (1955): Weiher und Karpfenzucht im Sundgau. ASHS
Langenbeck, F. (1954): Ortsnamenbewegungen und -wandlungen im südwestdeutschen Raum. Ber. f. Dt. Landeskunde
Meyer, P. (1969): Situation et tendances démographiques actuelles de l'Alsace méridionale. RB X
Meyer, P. (1979): Das Elsass in Zahlen. RB XX
Müller, C. A. (1978): Der Sundgau. Basel
Oberlé, R. et L. Sittler (1981 f.): Le Haut-Rhin. Dictionnaire des Communes. Colmar
Reinhard, E. (1961): Geologie und Oberflächengestalt des Sundgauer Hügellandes in ihrer erdgeschichtlichen Problematik. ASHS
Reinhard, E. (1965): Die Siedlungen im Sundgau. Veröff. Alemann. Inst. Freiburg/Br. Bühl
Rimbert, S. (1965): Frontières et influences urbaines dans la Dreiländerecke. RB VI
Saisons d'Alsace, No. 48 (1973): Le Sundgau. Strasbourg
Schriften der Regio II (1965): Soziologische Regio-Untersuchung. Arbeitsgruppe Regio Basiliensis. Basel
Specklin, R. (1951): Altkirch, type de petite ville. Centre Docum. Univ. Paris
Specklin, R. (1959): Etudes sur le Jura alsacien. BSHH
Specklin, R. (1962): Der Sundgau als geographisches Arbeitsgebiet. RB III (mit Bibliographie)
Specklin, R. (1964): Le Réduit Sundgauvien. Strasbourg
Specklin, R. (1963/64): L'apport de la géographie aux sciences humaines: le réduit sundgauvien, peuplement et mentalité. Rev. Gg. Est (mit Bibliographie)
Specklin, R. (1970): Invasion urbaine et résistance paysanne: aspects régionaux (Sundgau) et perspectives nationales. RB XI
Specklin, R. (1972): Le Sundgau à travers les journaux (1871–1970): limites et possibilités d'un fichier de presse. RB XIII
Specklin, R. (1973): Genèse du paysage sundgauvien. Bull. Soc. Ind. Mulhouse
Specklin, R. (1972): Repertoire bibliographique pour les villages d'Alsace. Annales Centre rég. de Recherche et de Docum. Pédagog. Strasbourg
Specklin, R. (1975): Le Sundgau vers 1576 d'après la carte de Daniel Specklin. RB XVI
Spindler, F. (1958): L'économie agricole d'une petite région d'Alsace: le Sundgau. Colmar
Stintzi, P. (1939): Mörsperg (Morimont). Das Schloss und seine Herren. ASHS
Stintzi, P. (1941): Der Sundgau. Ein Führer durch Landschaft, Geschichte und Kunst. Colmar
Stintzi, P. (1951): Châteaux et manoirs d'Alsace. Colmar
Stintzi, P. (1952): L'émigration suisse dans le Sundgau. Strasbourg
Stintzi, P. (1975): Le Sundgau à travers les âges. Colmar
Strukturatlas Nordwestschweiz/Oberelsass/Südschwarzwald. Basel
Sulser, H.-U. (1973): Aufbau und Rückbildung des oberelsässischen Eisenbahnnetzes. RB XIV
Wyss, G. (1934): Schweiz und Sundgau im Laufe der Jahrhunderte. Mulhouse

3. Exkursionsroute

3.1 ÜBERSICHT

Ganztägige Exkursion mit Pw (ca. 150 km): Grenze Basel – St-Louis – Huningue (Hüningen) – Village-Neuf (Neudorf) – Rosenau – Bartenheim – Helfrantzkirch – Jettingen – Tagsdorf – Altkirch (35 km) – Hagenbach – Gommersdorf – Dannemarie (Dammerkirch) – Valdieu – Lutran – Romagny – Suarce – Faverois – Réchésy – Pfetterhouse (50 km) – Courtavon – Morimont – Winkel – Durlinsdorf – Ferrette (Pfirt, 30 km) – Feldbach – Riespach – Oberdorf – Waldighofen – Folgensbourg – Hagenthal – Hegenheim – Bourgfelden – St-Louis Basel (35 km).

3.2 ROUTENBESCHREIBUNG

3.2.1 Die Dreiländerecke

Wir verlassen Basel beim Zollamt Lysbüchel, wo man bis 1914 ohne Formalitäten durchging und wo bis 1957 – mit Unterbruch der Kriegsjahre – eine Tramlinie von Basel nach St-Louis führte (seit 1900). Heute dient dieser Übergang, neben dem lokalen Verkehr zwischen Basel und St-Louis, in erster Linie dem Personenverkehr zwischen der Schweiz und Frankreich, der allerdings nicht den Umfang des Verkehrs mit Deutschland besitzt. Bedeutend ist der Anteil der Grenzgänger, die in Basel oder seinen Vororten arbeiten (1.1.81: 15000 elsässische Arbeiter und Arbeiterinnen in der Schweiz). Der Warenverkehr von Frankreich nach Basel ist seit kurzem nach dem Parkplatz «TIR» in St-Louis verlegt worden, in die Nähe der Zollfreistrasse zum Flugplatz Basel-Mülhausen, dies als Provisorium bis zur Erstellung einer Autobahnverbindung A 35 – N 2 (entsprechend den Anlagen in Weil am Rhein).

St-Louis: Die breite und etwa 3 km lange Hauptstrasse die von der Schweizer Grenze durch St-Louis nach N führt, erklärt den Zunamen, den sich die Stadt gegeben hat: «Porte de France». St-Louis wurde offiziell 1684 durch einen königlichen Erlass im Zusammenhang mit der Erbauung der Festung Hüningen unter Louis XIV gegründet. In der Jakobinerzeit taufte man es vorübergehend in «Bourg Libre» um, welche Bezeichnung allerdings keinen Bestand hatte – aber auch im Volksmund nicht ganz in Vergessenheit geriet.

Die französische Statistik fasst St-Louis–Hüningen unter dem Begriff des französischen Anteils der Agglomeration Basel zusammen, für die Einwohner ist es die «Dreiländerecke». Die Grenzlage wird durch folgende Aspekte unterstrichen:

- Stadtrandcharakter dieses französischen Vorortes einer Schweizer Stadt (unausgeglichene Bauweise mit Elementen aus drei Jahrhunderten, Vermischung von Wohn-, City- und Industriefunktionen);
- kein Unterbruch in der Überbauung, Strom von Pendlern, Touristen, Waren;
- deutliche Unterschiede in der Physiognomie zwischen Basel und dem französischen Gebiet, wo auch die Ausnutzung des Bodens weniger intensiv ist (eindrücklich: Sandoz-Schweiz und Sandoz-France beidseits der Grenze zu Hüningen);
- Ausbildung einer lokalen Einkaufscity im Umkreis der Kreuzung Basel–Mülhausen/Hüningen–Burgfelden («Kryzstross»).

Nach Eichenberger (s. Lit.) ist St-Louis eine «Betriebsgemeinde der äusseren Agglomeration Basel», was gleichzeitig auch eine Zupendlergemeinde bedeutet, nicht zuletzt deshalb, weil zahlreiche Arbeitskräfte, die in St-Louis wohnen, Grenzgänger sind und der einheimischen Industrie verloren gehen (Beschäftigtendichte pro km^2: St-Louis 500, Basel 5400). Das Bevölkerungswachstum der Dreiländerecke hängt

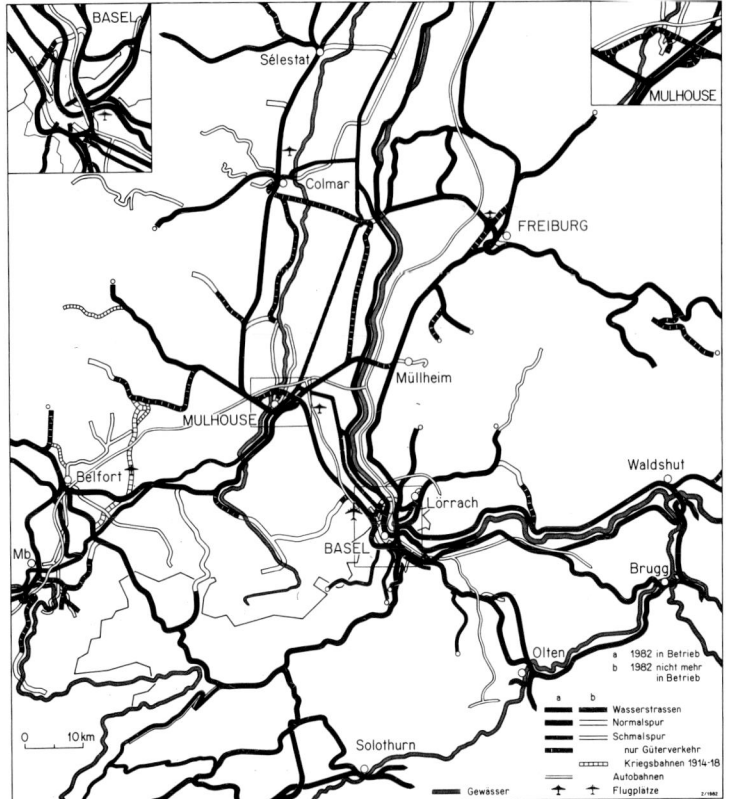

Verkehrssystem in der Regio 1982, inkl. aufgehobene Bahnlinien.
(H.-U. Sulser, Regio Basiliensis 1982)

vom wirtschaftlichen Wachstum der schweizerischen Agglomeration Basel ab (Tab. 1). Die Entwicklung von St-Louis ist weitgehend bedingt von einer grenzüberschreitenden Harmonisierung zwischen der mehr planwirtschaftlichen französischen Industrie und der eher liberalen Wirtschaftsauffassung in der Schweiz.

An der grossen Kreuzung nach *Hüningen* (Huningue) abzweigen. Am Ortsausgang von St-Louis queren wir die markante Stufe zwischen Niederterrasse und Rheinaue, bald darauf den Hüninger Zweigkanal (1834 von der Ile Napoléon, E Mülhausen, als Zweig des Rhein-Rhône-Kanals erbaut, seit 1960 nur noch Wasserzubringer für das Kanalstück Niffer–Mülhausen). Gleich darauf links eine Parkanlage in einem ehemaligen Aussenwerk der Festung Hüningen und die frühere Bahnlinie St-Louis–Weil am Rhein (1878–1937, verlängert bis Waldighofen, 1920–1955, strategische Bahn!).

Vauban erklärte 1679 seinem König Louis XIV, dass hier der günstigste Platz zur Errichtung einer Festung zum Schutze des Elsasses sei, da weiter im N der Rhein sich in viele Arme teile, was Angriff und Verteidigung gleichermassen behindere. So wurde in grosser Eile das Dorf Grosshüningen geräumt, seine Bewohner in Village-Neuf de Huningue (Neudorf) und auch in St-Louis angesiedelt und die Festung mit einem Brückenkopf auf der (heute deutschen) Schusterinsel errichtet (Modell und viele Zeugnisse aus der Festungszeit im Musée Historique am Abatucci-Platz).

Vom ehem. Bahnhof führt eine Einkaufsstrasse zur viereckigen Place Abatucci (Verteidiger 1796), zum ehemaligen Exerzierplatz und Mittel-

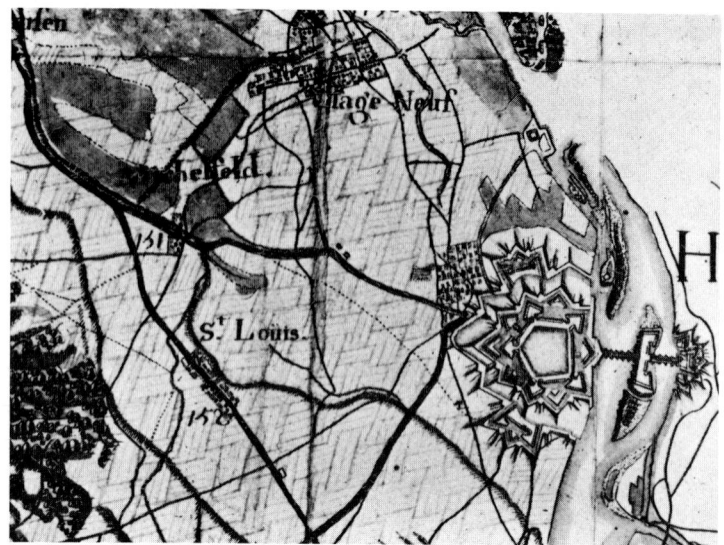

Hüningen - St-Louis auf einer Karte von Broutin, 1710. Fünfeck der Festungsstadt, sternförmige Aussenwerke, Brückenkopf auf der Schusterinsel. Aussiedlungen Village-Neuf, St-Louis.

punkt des Festungsfünfecks, mit renovierter Garnisonskirche und Offizierscasino (Musée), am Rande Überreste eines Walls mit Kasematten (Schleifung 1815, zur grossen Beruhigung Basels). Wir fahren noch ein Stück Richtung Basel, passieren einen weiteren «Supermarché» (für Einheimische, Basler und Deutsche!), den Ausgang des Hüninger Zweigkanals gegen den Rhein und münden in eine autobahnähnliche Strasse ein: beidseits die «Zone industrielle Sud» mit Ciba-Geigy und Sandoz (Hoffmann-La Roche im N, gegen Neudorf), Produktionsbetriebe der französischen Tochtergesellschaften der Basler Konzerne, die jenseits der Grenze nicht zu übersehen sind. Die Raumnot Basels ist wohl nirgends so drastisch zu erkennen wie hier! Hinter den Fabrikgebäuden befinden sich ein eingezäunter Parkplatz von Sandoz-Schweiz und eine Industrie-Kläranlage (Wasser und Rückstände gehen nach Basel zurück).

Auf dem Rückweg wenden wir uns bei der alten Kanalschleuse nach rechts, zum Rheinufer: schöner Blick auf Basel, die Hafenanlagen der drei Länder. Trotz des Staus durch das KW Kembs ist die Fliessgeschwindigkeit des Rheins noch beträchtlich (Gefälle 0,9 ‰, mittlerer Abfluss 1000 m³/s, Geschwindigkeit 10–18 km/h, was bei der Bergfahrt 1 PS pro 1 t Fracht erheischt). Wir folgen noch ein Stück dem Rheindamm nach N, gelangen zur Hafenzone und zur Palmrainbrücke. Diese ist eine Strassenbrücke auf den Pfeilern der seit 1937 nicht mehr benützten und bei Kriegsbeginn zerstörten Eisenbahnbrücke (s. oben); sie geht auf die Initiative und Kredite der Anwänder (Elsass und Baden-Württemberg) zurück und dient der besseren Verbindung im N der Dreiländerecke (unter Umgehung Basels), die früher durch eine Fähre und bis ins 1. Viertel des 20. Jhs. durch eine Schiffbrücke bei weit geringerem Verkehrsaufkommen bewerkstelligt wurde.

Im Bereiche des linken Brückenkopfes sind die der Mülhauser Handelskammer unterstellten Hafenanlagen: ein Quai mit Geleiseanschluss und Kran, mit Getreidesilo und Tanks für Erdölprodukte, die den Hauptteil der 1981 hier ausgeladenen 160 000 t ausmachten; beim Talverkehr von 75 000 t dominiert mit 55 000 t Kies, der auch von Schweizer Firmen in grossen Mengen über den Hüninger Zoll exportiert wird.

Hüningen: Kiesgrube in der Niederterrasse (Basler Besitz), dahinter die durch die Bauten der Sandoz AG markierte Grenze. (Photo G. Bienz)

Verglichen mit St-Louis besitzt Hüningen einen städtischen Kern, der überwiegend tertiären Aktivitäten und dem Wohnen dient (Altstadterneuerung, z.T. durch Wohnbauten der Basler Chemie), die Industrie beherrscht Areale im N und S der Stadt.

Bevor wir nach Village-Neuf (Neudorf) einschwenken werfen wir noch einen Blick auf die Anlagen des KW *Kembs,* das am Anfang des Grand Canal d'Alsace (bis Breisach) liegt und der ca. 1000 m^3 Wasser dem Rhein entzieht. Dies gehörte zu den deutschen Reparationsleistungen nach dem Ersten Weltkrieg (1928 beg.) und hatte eine Reihe von Konsequenzen:
- freie Schiffahrt auf dem Kanal, der sich auf französischem Boden befindet; Unterstellung unter die Kontrolle der Zentralen Rheinschiffahrtskommission (Sitz: Strassburg);
- zwischen Basel und Breisach erfüllt nur das Restwasser den stolzen alten Rheinlauf;
- Absinken des Grundwasserspiegels, Gefahr der Versteppung, deshalb Bau des «Kulturwehrs» oberhalb Breisach zur Erhöhung des Wasserstandes im freien Rhein und Ableitung eines Bewässerungskanals im Elsass;
- Umfahrung der Schwellen von Istein und dadurch ganzjähriger Anschluss Basels an die Rheinschiffahrt.

Village-Neuf (Neudorf), ursprünglich auf einer Rheininsel gelegen, verdankt seine Entstehung der Umsiedlung durch Vauban (s. oben). Hier ändert sich die Landschaft: Wir betreten den elsässischen *Gemüsegarten* Basels. Er erstreckt sich über die Rheinaue, ein ursprünglich amphibisches Gebiet mit Rheinarmen, Altwassern, Sümpfen. Erst die Korrektionen von Tulla im 19. Jh. haben dem Rhein feste Ufer gegeben, den Strom begradigt und die Anwohner vor Überschwemmungen gesichert. Die im Laufe von Jahrtausenden abgelagerten feinen Sande und der Schlamm, 50 bis 100 cm mächtig, erwiesen sich als für den Gemüsebau günstig. Von der Nutzfläche sind heute 96% (430 ha) in Parzellen von 10–15 a Gemüsekulturen; die Betriebe umfassen selten mehr als 2 ha. Der Kunstdünger ersetzt heute die Mistzufuhr aus dem

Tab. 1: Bevölkerungsentwicklung und Beschäftigungsstruktur in ausgewählten Gemeinden: Dreiländerecke

	1826	1851	1900	1936	1968	1975	1982[c]	1)	2)	3) [c]	4)
St-Louis	1 400	2 030	5 280	8 600	14 800[a]	18 000	20 000	7 370	3 900	7	200%
Huningue	760	2 120	2 940	4 000	5 700	6 600	7 000	2 340	1 300	0	128%
Village-Neuf	1 370	1 820	2 180	2 490	2 700	2 800	2 940	610	510	100[b]	28%
Rosenau	100	270	450	610	670	1 030	1 570	150	200	4	130%
Hégenheim	1 900	2 040	2 090	2 050	2 060	2 225	2 200	290	360	5	6,5%
Bartenheim	1 540	2 010	1 690	1 860	2 000	2 400	2 500	377	248	15	20%
Département Haut-Rhin			512 000			631 000					24%
Mulhouse (Stadt)			89 000			116 000					30%
Basel-Stadt			112 000			214 000					90%

a) mit Bourgfelden
b) Gemüsebau inbegriffen
c) Angaben der Gemeinden, März 1982

1) Nichtlandwirtschaftliche Arbeitsstellen (C.A.H.R., 1981)
2) Grenzgänger nach der Schweiz (I.N.S.E.E., 1981)
3) Nur landwirtschaftlich Tätige
4) Bevölkerungszuwachs 1900–1975

Kommentar: Die grenznahen Gemeinden stimmen in ihrer Entwicklung mehr mit Basel als mit dem Haut-Rhin überein. Die Zahl der Grenzgänger ist trotz des bedeutenden Arbeitsplatzangebotes in St-Louis und Huningue gross. Viele Grenzgänger betreiben Landwirtschaft im Nebenerwerb, was unter Ziffer 3 nicht zum Ausdruck kommt.

Sundgau und die stickstoffhaltigen Abwässer von Mülhausen. Sömmerliche Trockenheit ist eher zu befürchten als die winterliche Kälte. Der Ernteablauf sieht etwa folgendermassen aus: Spinat (März–Mai), Zwiebeln (April–August), Spargeln, eine arbeitsintensive, aber gefragte Spezialkultur (Mai–Juni), Rosenkohl (Juli–Oktober), Karotten (September–Oktober), dazu Saisonsalate und weitere Gemüse. Ein Grenzabkommen mit der Schweiz (1938) erlaubt die freie Einfuhr von ca. 50% der Produktion an Gemüsen und Kartoffeln (Marktstände, fahrende Händler-Produzenten).

Zwischen Neudorf und Rosenau hat man 1979 rund 1200 ha als Natur- und Vogelschutzgebiet ausgeschieden (40 brütende Arten, darunter 27 Sperlinge), davon 1000 ha um den «Grand Marais», der Rest um den «Kirchener Kopf», einen alten Rheinarm, den man so vor dem Los einer Abfallgrube gerettet hat. In der Nähe ist auch eine Fischzuchtanstalt (1852), seinerzeit ein Modell für ganz Frankreich (Salmenzucht). Der Eindruck von Wohlhabenkeit in Neudorf und Rosenau hängt mit günstigen und z.T. kumulierten Einkommensverhältnissen zusammen: Verkauf landwirtschaftlicher Produkte gegen Schweizer Franken, gute Löhne der Grenzgänger, Arbeit in Restaurants (vor allem in der Spargelsaison) mit Basler Kundschaft. Die beiden Städte und die Gemüsedörfer sind in einem dynamischen interkommunalen Syndikat zusammengefasst und bilden eine Verdichtungszone mit zunehmender Verstädterung (mehr als 100 Arbeitsplätze/km^2, vgl. Tab. 1).

3.2.2 Im Herzen des grünen Sundgaus: von Bartenheim nach Altkirch

Nach Rosenau verlässt man das ehemalige Überschwemmungsgebiet der Rheinaue (239 m), überquert den Augraben und erreicht über eine beachtliche Stufe von 20 m die «Hohe Strasse» (RN 66). Sie folgt dem Rande der *Niederterrasse* (260 m) und verbindet jüngere Ausbauorte und alte Siedlungen am Terrassenrande. Von Bartenheim-La Chaussée (Neuweg) nach dem Dorf Bartenheim ist die Strasse fast horizontal, wenn man von der Überquerung der Autobahn Flugplatz–Mülhausen absieht. Der Hardtwald ist weitgehend gerodet, und der Untergrund ist in einer Kiesgrube am Dorfeingang erkennbar. In der Schotterterrasse versickert sogar der kräftige Mühlbach aus den Sundgauer Hügeln; keiner der ostwärts gerichteten Bäche erreicht den Rhein. Ihr Wasser nährt den mächtigen Grundwasserstrom unter dem Hardtwald und trägt zur Wasserversorgung der Agglomeration Mülhausen bei.

Bartenheim, vielleicht schon vorrömischen Ursprungs, als -heim-Ort sicher fränkisch, hat einen ausgedehnten Gemeindebann, der sich von den Lösshügeln über die Niederterrasse bis zur Rheinaue erstreckt. Damit verfügte man über sich ergänzende Wirtschaftsflächen: Korn auf den Lösshügeln (Mühlen, z.B. Ferme Obermühl am W-Ausgang des Dorfes), früher auch Reben an besonnten Hängen, Wässerwiesen auf dem Schwemmkegel, Wald, Wiesen und Weide im Bereiche der Hardt, bewaldetes Sumpfland in der «Augrafschaft», Allmendbesitz der Bürger seit dem 13. Jh. An einem Voksfest erkor man früher das tugendsamste Mädchen zur «Augräfin».

Die gute Verkehrslage von heute (Verbindungen zu Mülhausen und Ile Napoléon-Peugeot, zu St-Louis und Basel) ersetzt den Vorteil verschiedenartiger Kulturflächen und erklärt Bevölkerungswachstum und Ausscheidung von Baugelände. Der Ortsteil Neuweg besteht erst seit dem 17. Jh. (Aussiedler von Hüningen, verstärkter Verkehr) und ist heute mit der Wachstumsspitze von St-Louis längs der «Hohen Strasse» zusammengewachsen (Tab. 1).

Bartenheim ist ein für den Ostrand der Sundgauer Hügel sehr typisches Dorf am Ausgang eines Tälchens in die Rheinebene. Ländliche und städtische Siedlungsstrukturen vermischen sich immer mehr.

Weiterfahrt Richtung Brinckheim, dem Mühlbach entlang: Die Strasse steigt allmählich auf die Hochfläche der Hügel (Kappeln 326 m; Helfrantzkirch 380 m) und quert echte Sundgauer Dörfer, deren Häuser mit der Giebelseite der Strasse entlang aufgereiht sind. Viele sind in den letzten Jahren renoviert worden und lassen die Schönheiten des Riegelbaus an den blumengeschmückten Fassaden erkennen. Der Verstädterungsprozess ist kaum bemerkbar.

Magstatt-le-Bas: Sundgauer Riegelbau, traufständig zur Strasse, gemauerter Keller; Wirtschaftsteil dahinter, parallel zur Strasse. (Photo G. Bienz)

In *Helfrantzkirch* (Tab. 2; ursprünglich «Runtzkirch», dann wegen einer nahegelegenen Votivkapelle «Maria-Hilf» zu Hilf-Runtzkirch, Helfrantzkirch gewandelt) Richtung Folgensbourg abbiegen bis zur RN 19, Basel – Altkirch – Belfort, die im 17. Jh. als Verbindung der Festungen Belfort und Hüningen gebaut wurde. Der Kreuzungspunkt «Trois Maisons» (424 m) ist eine alte Poststation. Die Strasse führt über die Höhen (Sicherheit!) und berührt die Dörfer am Thalbach nicht.

Abzweigen nach Berentzwiller (372 m) im *Hundsbachertal* (Thalbach), eine verkehrsabgelegene, archaische, in sich abgeschlossene Region des Sundgaus. Robert Specklin nennt es das Herz des *Sundgauer Réduit* (Tab. 2). Talwärts durchqueren wir die schmucken Dörfer Jettingen, Franken und Hundsbach (335 m), wo wir nach links, gegen Willer, abbiegen. Halt bei Punkt 401 m (Kreuz, Kapelle, Überquerung eines schnurgeraden Feldweges: Prächtiger Aussichtspunkt auf den zentralen Sundgau. Nach WSW zieht sich ein ziemlich gerader Feldweg (Gemeindegrenze), der sehr wahrscheinlich – wie anderswo im Sundgau – der Trasse einer römischen Strasse folgt (Mandeure am Doubs – Largitzen, dann Gabelung nach Folgensbourg – Augst/Augusta Raurica und nach Rantzwiller – Kembs/Cambete, nachgewiesen). Ca. 400 m W von P. 401, der «Römerstrasse» entlang, am Waldeingang links, eine ehemalige (?) Befestigungsanlage (100×30 m), umgeben von einem 4 m tiefen Graben (im Volksmund «Bürgerrain», auf Karten «camp romain», «enceinte préhistorique»). Nach dem Pfeiler der Hochspannungsleitung, 150 m rechts im Feld, auf P. 404, ein Stein von 1774, gezeichnet H/B, Banngrenze von Hundsbach/Hausgauen, im 14. Jh. als Gerichtsort der Grafschaft Pfirt erwähnt.

Hundsbach: Gehöft mit getrenntem Wohn- und Wirtschaftsteil (vgl. Abschnitt 3.2.4). Front gegen Westen (links).

Einige Bemerkungen zur *Geologie und Geomorphologie* sind hier angebracht:
- Die allgemeine SE-NW-*Richtung* aller Sundgauer Täler bis zur Linie Altkirch–Dammerkirch hängt wohl mit der früheren Richtung des Rheins gegen die Burgunder Pforte zusammen, wo hingegen die Kippung der Hügel gegen NW der Jurafaltung zugeschrieben wird. Die oligocaenen Hügel sind mit einem 5–20 m dicken pliocaenen Deckenschotter rheinischen Ursprungs überzogen, der das darunterliegende Relief verhüllt und die Oberfläche sanft wellt. Die voreiszeitlichen Formen sind an den ziemlich steilen N- und E-Hängen der Täler erhalten. Die Schotter können auch ordentlich grosse Blöcke enthalten (ein Exemplar von 24x48 cm im Sundgauer Museum zu Altkirch), die Kiesel selbst sind dachziegelartig in der Fliessrichtung E-W geschichtet.
- Die Schotter sind von *Löss* überzogen, einer zwischen- und nacheiszeitlichen Windablagerung (mittlere Mächtigkeit 1 m). Die Ausbildung des Löss ist verschiedenartig: bei P. 401 handelt es sich um einen alten Lösslehm (Ablagerung vor der letzten oder Würm-Eiszeit). Stellenweise ist der Kalk ausgewaschen (ursprünglicher Anteil 40%), die Farbe ist gelblich und bräunlich, die Bestandteile feinkörnig. 200 m weiter, an der Strasse nach Willer, fehlt der Lössüberzug wie an der ganzen Talkante, und es erscheinen die Sundgauschotter. Auf der Gegenseite, gegen Hundsbach, treffen wir in den Feldern pulverigen jüngeren Löss aus der Würmzeit. Der Kalk verarmter Lösse sammelt sich in Konkretionen, sog. Lösskindeln. Mächtigkeit und Alter, damit auch die Fruchtbarkeit des Lösses bestimmen den niederen und den hohen Sundgau: jüngerer, nährstoffreicherer Löss macht aus dem Ostteil ein stark gerodetes Kornland; im W von Ill und Larg ist die Lössdecke dünner, älter, kalkärmer, und es überwiegen Viehzucht und Fischzucht (Karpfenteiche).

– Das Hundsbachertal im N unseres Aussichtspunktes hat die für den Sundgau charakteristischen *asymmetrischen Hänge:* im N steil und steinig, von der «Hohen Strasse» gekrönt, im S sanft ansteigend und lössbedeckt. Man führt diese allgemeine Asymmetrie der Sundgautäler auf die vorherrschenden W- und SW-Winde zurück. Wind und Wetter setzten der Windablagerung Löss zu, das Erbe des eiszeitlichen Klimas (Bodenfliessen, Frostschutt) und die Aufstellung der ganzen Platte gegen N kamen noch hinzu.

Zur *Humangeographie* drängt sich folgendes auf:
– Auffallend ist die aussergewöhnliche *Siedlungsdichte* (mehr als 175 Dörfer im Umkreis von 30 km). Diese Dichte ist umso überraschender als der Boden, etwa im Gegensatz zu den Reblagen am Vogesenfuss oder zum Kochersberg (NW Strassburg) weniger fruchtbar ist; trotzdem galt der Sundgau als die Kornkammer der Bürger von Mülhausen und der Bischöfe von Basel. Die Besiedlung muss schon im Neolithikum begonnen haben, wie Funde beweisen.
– Die *Ortsnamen* geben uns einen Hinweis auf die Siedlungsgeschichte: So bezeichnen die ON auf -ingen die alemannische Siedlungswelle des 4./5. Jhs.; «Franken» und «Schwoben» deuten auf fränkische Ansiedlung Andersstämmiger hin (6./7. Jh.); die -dorf führt man einerseits auf fränkische Militärkolonisation und Christianisierung zurück, andererseits wird dadurch z.B. das Hundsbachertal eingekreist. Es gehört – wie die Deutschschweiz – zum Hochalemannischen, das im Sundgau S einer Linie Kembs–Pfetterhouse gesprochen wird.
– 100 m E von P. 401 entdecken wir, dem Römerweg entlang, sog. *Wölbäcker,* wie sie K. Ewald als archaisches Element der Agrarlandschaft beschrieben hat. Vielleicht gehen sie auf die keltische Zeit zurück. Ihr Ursprung ist umstritten: Fliesst das Wasser auf lehmigem Boden so besser ab? Begrenzen sie den Besitz? Ist der einfache Pflug daran schuld, der die gute Erde gegen die Mitte des Ackers umlegte?
– *Archaisch* ist nicht nur die Sprache der Talschaft mit ihren rauhen Konsonanten und einer gewissen Derbheit des Ausdrucks, auch eine strengere Erziehung, der weitverbreitete Aberglauben und Hexenglauben, der Widerstand gegen alles, was von aussen kommt (gegen die deutsche Besetzung 1940–45 so gut wie gegen die französische Gesetzgebung), gegen Güterzusammenlegung und technische Neuerungen, heute gegen Baulandausscheidungen. Gibt es einen Zusammenhang zwischen der umgebenden Landschaft und dieser nach rückwärts gewendeten Bauernwelt? Ist der beschränkte Horizont des Talbauern daran schuld, der bei der vom Tal ausgehenden Rodung stehen gebliebenen Wälder an der Grenze zum nächsten Dorf? Solche und ähnliche Überlegungen hat Robert Specklin, der beste Kenner der Geographie (und Mentalität) des Sundgaus und selber Sundgauer, angestellt (vgl. Lit.). Der alte Bauer im Hundsbachertal zielt auf Selbstversorgung; man arbeitet nicht, um Geld zu gewinnen, sondern um keines ausgeben zu müssen! Man will unter sich bleiben und wünscht keine Zuwanderer, daher Bevölkerungsstagnation (Tab. 2).
– Inwiefern wird der Sundgauer den wirtschaftlichen und sozialen *Wandlungen unserer Zeit* entgehen? Es entwickelt sich der Typ des Arbeiterbauern; Autobuslinien erreichen die Dörfer und der Car holt Schüler und Arbeiter (zu Peugeot in Sochaux, nach Mülhausen und Basel z.B.). Werden das Fehlen lokaler Industrien und das gestiegene Selbstbewusstsein – ablesbar u.a. an den immer zahlreicheren restaurierten Riegelhäusern – genügen, um den Rest «des grünen Kranzes der Landwirtschaftsgemeinden» um Basel herum zu retten, der seit den 60er Jahren direkt oder indirekt der Industrialisierung

Tab. 2: Bevölkerungsentwicklung und Beschäftigungsstruktur in ausgewählten Gemeinden: Hundsbacher Tal, Altkircher Raum

	1825	1851	1900	1936	1968	1975	1982 c)	1)	2)	3) c)
Helfrantzkirch	660	700	580	500	540	538	590	9	105	6
Jettingen	480	570	460	410	430	380	390	19	60	9
Franken	340	450	290	250	250	230	235	0	24	10
Tagsdorf	235	380	240	210	210	200	200	12	22	4
Altkirch	2 400	3 600	3 300	3 500	5 100	5 260	5 830 d)	2 400	130	10
Carspach	1 000	1 370	1 380	1 450	1 560	1 500	1 700	250	37	23
Hirtzbach	800	910	1 000	1 040	980	1 100	1 065	30	74	7

c) Angaben der Gemeinden
d) ohne Militär (ca. 1000 Mann)

1) Nichtlandwirtschaftliche Arbeitsstellen (C.A.H.R.)
2) Grenzgänger nach der Schweiz (I.N.S.E.E.)
3) Nur landwirtschaftlich Tätige

Kommentar: Die Orte im «Réduit sundgauvien» zeigen nach dem Maximum von 1851 allgemein eine Stagnation der Bevölkerungsentwicklung; die Zahl der Grenzgänger ist überraschend hoch, die der Vollbauern niedrig. – Im Altkircher Raum ist das Wachstum mässig, aber auch die Abnahme der Vollbauern bleibt in Grenzen.

ausgesetzt ist und der von 250 auf 30 Gemeinden geschrumpft ist (W. Gallusser)? Wird der innere Sundgau einer passiven Urbanisierung ausgesetzt (Verstädterung) oder bleibt er eine zwar kleinräumige Erholungszelle für die umliegenden Verdichtungsräume? (vgl. Tab. 2). Vielleicht können unsere Enkel einmal darauf Antwort geben.

Von Punkt 401 zurück nach Hundsbach und über Schwoben, Tagsdorf, Wittersdorf nach Altkirch.

3.2.3 Der Altkircher Raum

Bei *Tagsdorf* steigt die RN 19 ins Tal hinunter und kreuzt sich mit jener römischen Strasse, die, von Mandeure kommend, über Rantzwiller (fast gerader Feldweg) Kembs zustrebte. Man vermutet eine weitere römische Strasse, die von Augst–Folgensbourg her gegen Aspach (N Altkirch, sog. «Hohe Steige»)–Thann führte. Der heutige Strassenknotenpunkt Altkirch war also vor 2000 Jahren etwas nach E verschoben. Bei Wittersdorf fliesst der Thalbach durch eine Verengung der Ill zu; die RN 19 wendet sich gegen W, Ill aufwärts, und quert die *Klus von St-Morand*. In der neoromanischen Kirche des ehem. Cluniazenserklosters (heute Spital) erinnert ein beachtliches Grabmal an den Missionar und (einzigen) Heiligen des Sundgaus, Morandus, der hier 1115 verstarb. Jedenfalls ist dieser späte Missionar auch ein Hinweis darauf, wie schwer es hielt, die Alemannen im Sundgau wirklich zu bekehren. Immerhin wurde das Kloster zum Wallfahrtsort (Krankenheilungen) und geistigen Zentrum des Oberelsasses. Das Priorat wurde im 18. Jh. von den Jesuiten übernommen und vergrössert.

Altkirch: Spätbarockes Rathaus an der Place de la République.

In *Altkirch* kann man am besten am Bahnhof parkieren. Von dort führt eine Strasse den Mauern entlang auf den Sporn, doch kann man auch abkürzen und durch das «alte Tor» in den Kern der Altstadt gelangen. Der hübsche Platz ist vom zierlichen Muttergottesbrunnen geschmückt. Hier erhob sich einst die «alte Kirch» von St-Morand. Nachdem die Gebäude in der Klus wieder einmal in Flammen aufgegangen waren, bot der Sporn doch einigermassen Schutz. Diese Kirche, die dem Ort den Namen gab, wurde 1255 durch den Grafen von Pfirt (weltlicher Herr) und den Bischof von Basel (geistlicher Herr) errichtet, um 1845 abgerissen und 1850 durch einen Neubau an der Stelle des Schlosses der Grafen von Montbéliard (gegen 1050) ersetzt. Der Weg um die dem Historizismus verpflichtete Kirche erlaubt gute Ausblicke in die Umgebung.

Die *Hochstadt* liegt auf einem Sporn aus oligocaenen Kalken, die auf drei Seiten steil abfallen (ca. 30 m); nur im S hängt der Rücken mit dem Illberg zusammen (vgl. Bild). Im E liegt die Klus von St-Morand. zwischen dem Roggenberg (neues Quartier) und dem Rebberg (100 m über der Ill, Name!). Im N erkennt man die Zementfabrik und den dazugehörigen Steinbruch in den oligocaenen Kalken (Sannoisien). Im W verbreitet sich das Illtal gegen Carspach auf 400 m. Die strategisch wichtige Stelle an der Umbiegung des Illtales nach E, die darauf folgende Engstelle und die Nähe alter Strassen (s. Tagsdorf) machen den Bau von Schloss und Stadt plausibel, besonders wenn man daran denkt, dass die Burg den Herren von Montbéliard gehörte, die sich damit gegen E sicherten.

Damit sind wir bereits zur *Geschichte* vorgestossen: Den Grafen von Pfirt, den Habsburgern und 1648 der Krone Frankreichs gehörte nacheinander das Städtchen. Ludwig XIV. verlieh das Schloss von Altkirch und den Titel eines Grafen von Pfirt dem Kardinal Mazarin, dessen Wappen am Pfarrhaus, links von der Kirche, eingelassen ist. 1845 wurden die Reste des Schlosses abgetragen, das – wie der ganze Sundgau – die Kriegsscharen der Gugler, Armagnaken, aber auch die Eidgenossen und die Schweden vor seinen Mauern gesehen hatte. Die Stadt selbst muss als «Vorburg» vor dem Schloss entstanden sein (13. Jh.); das «alte Tor» wird ein Teil der damals errichteten Mauer gewesen

Altkirch von E: Hochstadt mit der Kirche an Stelle des Schlosses, links die Unterstadt. (Photo Scherding)

sein. Die Stadt mass 300 m in der Länge, 150 m in der Breite, hatte eine Haupt- und Marktgasse, parallel dazu verlaufende Hintergassen, die durch Quergassen miteinander verbunden waren. Wir erkennen den rostförmigen Grundriss des Hochmittelalters. Später entstand, an die weniger steile Südseite angelehnt, eine Unterstadt und auch gegen den Spornhals ergab sich eine bescheidene Erweiterung. Das heutige Altkirch hat seine Wachstumsspitzen im Bahnhofquartier, an der Strasse gegen Aspach, am Roggenberg (s. oben) und in der Flur Brittingen (Name eines der vielen im Sundgau abgegangenen Dörfer).

Für die wirtschaftliche Entwicklung war das 1398 von den Habsburgern verliehene Marktrecht von grosser Bedeutung, was wir beim *Gang durch die Stadt* erkennen. Wir gehen die Schlossgasse (rue du Château) zurück und finden uns wieder auf der Place de la République: links das alte Tribunal du Roi, heute Hôtel de Ville. In der rue du Général de Gaulle (Kritzgasse) ist man überrascht von der grossen Zahl von Ladengeschäften und Bankfilialen, typisch für ein städtisches Zentrum in ländlicher Umgebung, von den Verwaltungsgebäuden (Sous-Préfecture seit 1790) und von dem weiten Platz, der daran im SW anschliesst. Es ist dies der Ort eines sehr alten und bedeutenden Viehmarktes, der um 1850 mehr als 3000 Haupt Vieh aus einem Umkreis von 150 km sah! Um 5000 Besucher bevölkerten am Katharinentag (25. Nov.) die Strassen und die zahlreichen Wirtschaften. Der Katharinen-Markt hat sich heute zum Jahrmarkt gewandelt, aber wenig von seiner Anziehungskraft eingebüsst. Der Platz wird abgeschlossen vom ehemaligen Kornhaus (1841); das erste datierte von 1397 und stand in der Stadt drin – ein Hinweis auf den Sundgau als Kornkammer! Zu den Sehenswürdigkeiten gehört auch das Sundgauer Museum im habsburgischen Landvogteisitz (Renaissancebau), wo man die vielfältigen Erzeugnisse des Sundgaus auf den Gebieten des Handwerks, der Kunst und der Literatur bewundern kann. Es fehlte dem Sundgau nie an Poeten (Zummstein, G. Zinck, N. Katz), an Schriftstellern (L. Ritter) und Künstlern (J. J. Henner). Öffnungszeiten: 14.7.–31.8.: 15–17 Uhr (ausser Montag); übrige Zeit: 15–17 Uhr sonntags.

Die *Industrie* beruht u.a. auf der Ausbeutung von Bodenschätzen, so die Ziegelei Gilardoni (1830–1925), die, z.T. mit Basler Kapital arbeitend, in ganz Europa bekannte Falzziegel aus dem Blauen Letten (Stampien, Illberg) herstellte. 1927 wurde vom Mülhauser Industriellen Koechlin die Zementfabrik gegründet, welche den Zement für den Bau des Kraftwerks Kembs (1928–32), aber auch der Befestigungen der Maginot-Linie und von Sozialwohnungen herstellte. 1964 wurde mit schweizerischer Hilfe das Kapital verdoppelt, die Produktion modernisiert, so dass das Werk heute drei Viertel des Zementbedarfs des Oberelsasses decken kann (Produktion ca. 300 000 t/Jahr bei einer Kapazität von 600 000 t).

R. Specklin sieht in Altkirch eine typische Sundgauer Stadt: militärischer Ursprung, eingepflanzt in eine ländliche Umgebung, zu welcher die oft von aussen zugezogenen Bewohner wenig Beziehung haben, kleinbürgerliche Gesellschaft, regierungstreu und eher konservativ, von mässigem kulturellem und wirtschaftlichem Elan, ein bescheidenes Regionalzentrum, an dem kein Schnellzug mehr hält! Nach W. Gallusser ist die kulturräumliche Dynamik zwischen 1960–75 zwiespältig: eine industrielle Kernzone mit Bevölkerungsrückgang, der einzige Fall unter den Industriegebieten der Regio, doch deuten die neuesten Zahlen (vgl. Tab. 2) auf einen erneuten Bevölkerungszuwachs, auf eine höhere Zahl von Beschäftigten und Grenzgängern hin.

3.2.4 Von Altkirch zur Wasserscheide und Sprachgrenze

Im Sommer empfiehlt sich ein Abstecher nach *Hirtzbach* (Tab. 2). Bei der Ausfahrt von Altkirch Richtung Pfirt/Ferrette, 1,5 km S Carspach, rechts, die III überqueren. Hirtzbach ist ein Bachzeilendorf längs des gleichnamigen Gewässers mit Dreiseithöfen, giebelständig zur Strasse und in Fachwerk aufgeführt, mit Backöfen an der Aussenseite der

Hundsbach: Backofen an der Aussenwand der Küche. (Photo G. Bienz)

Küche und einem Meer von Blumen, die ihm 1981 den ersten Preis im europäischen Wettbewerb der blumengeschmückten Orte eingetragen haben. Links hinter der Kirche das renovierte Schloss der Herren von Reinach-Hirtzbach (18. Jh., kein Zutritt), eines in französischem Solddienst gestandenen Aargauer Geschlechtes.
Zurück über Carspach (Tab. 2) auf die D419 (früher RN 19) Richtung Belfort, und nach 2 km rechts über die D25 nach *Hagenbach* (Tab. 3), wonach sich ein Adelsgeschlecht nennt, von dem Peter, 1469–74 Landvogt Karls des Kühnen im verpfändeten habsburgischen Oberelsass, berühmt-berüchtigt wurde. Der lokale Adel und die Städte, allen voran Basel, betrieben seinen Fall und seine Hinrichtung, die den Beginn der Burgunder Kriege der Eidgenossenschaft markierte. Diese fast legendäre Gestalt sorgte immerhin für mehr Sicherheit im offenen Lande. Die Wasserburg der Familie wurde im Dreissigjährigen Kriege von den Schweden zerstört, aber nachher wieder aufgebaut und endgültig niedergelegt beim Bau des Rhein-Rhône-Kanals (1827). Eine der Schleusen an der Strasse nach Balschwiller ist an die Schlossmauer angelehnt. Die Schicksale der Hagenbach deuten uns an, dass wir uns am Eingang zur Burgunder Pforte befinden.

Hirtzbach: Schloss der Barone von Reinach-Hirtzbach. (Photo G. Bienz)

Gommersdorf (Tab. 3), kurz vor Dannemarie, ist an sich eine bescheidene Siedlung, bestehend aus dem nach 1648 wieder aufgebauten Niederdorf und dem Oberdorf aus dem 18. Jh. Seit 1972 wurde Gommersdorf zum Ausgangspunkt einer Rettungs- und Renovationsaktion für die elsässischen Bauernhäuser durch Marc Grodwohl und seine Mitstreiter. Unsere Darstellung des *ländlichen Hausbaus* folgt den Ansichten von M. Gschwend (1974), der vor allem der Bauernhausforschung in der Schweiz neue Wege gewiesen hat: Die typische Hofanlage umfasst neben dem giebelständig (seltener auch traufständig) zur Strasse stehenden Wohnhaus eine am hinteren Rande des Wohnplatzes quergestellte, also traufständige Stallscheune, welche dreiteilig ist (Stall-Tenn-Stall), und an der dem Wohnhaus gegenüberliegenden Seite einen ebenfalls giebelständigen kleineren Wirtschaftsbau. Daneben bilden aber gegenwärtig die sekundär zusammengebauten Hofanlagen verschiedener Art die überwiegende Mehrzahl. Vor allem im Sundgau begegnen wir dem Fachwerkbau (im Volksmund «Riegelbau»), wobei Riegel die Querhölzer zwischen den Ständern bedeutet. Im Grunde ist das Fachwerk ein verfeinerter Ständerbau, dessen Gefache jedoch nie mit Holz ausgefüllt werden, sondern mit anderen Füllmaterialien (vor allem Flechtwerk und Lehm). Wenn im 19. Jh. das Fachwerk häufig hinter einem die Wand ganz oder teilweise überziehenden Verputz verschwand, so entspricht dies dem Streben nach Repräsentation; man wollte eben in einem massiven Haus wohnen. Erst nach dem Zweiten Weltkrieg erkannte man wieder die Schönheiten der lebendigen Fachwerkwände und befreite sie vom Verputze. Die ältere Art des Fachwerkes zeigt deutlich den Zusammenhang mit dem Ständerbau; die Ständer gehen von der Schwelle bis zum Rähm durch, meistens durch zwei Geschosse. Die grossen Gefache besitzen eine langrechteckige Form, die Riegel sind lang und nur wenige Langstreben verbinden die Schwellen mit dem Rähm. Diese Art des Fachwerkes, das noch da und dort angetroffen wird, war bis ins 17. und frühe 18. Jh. üblich. Schon in der 2. Hälfte des 17., vor allem aber seit dem 18. Jh. wird das Fachwerk stockwerkweise abgebunden, d.h. man setzt geschossweise abgezimmerte Würfel aufeinander, so dass die Wandständer nur noch ein Geschoss hoch sind. Symmetrisch verlau-

Gommersdorf: Ostwand des Hauses 3a. (Quelle: siehe Plan!)

Gommersdorf: Teil des Ortsplanes; deutlich erkennt man die Winkelhöfe. (aus «Recherches sur l'habitant rural en Alsace» II, Mulhouse 1974).

fende schräge Streben und viele kürzere Riegel führen zu einer stets zunehmenden dekorativen Unterteilung der Gefache (vgl. Abb. S. 11).
Auch im Hausbau erweist sich der Sundgau als eine Reliktlandschaft; die Aufhebung der Feudalrechte (1789) erleichterte den Gebrauch von Holz im Hausbau in den nun wenig kontrollierten einstigen Domänenwäldern.

Dannemarie (Dammerkirch, Tab. 3) trägt einen altehrwürdigen Namen: Es gehört zu den dominus/domina-Orten, die den Fügungen mit sanctus/sancta vorausgegangen sind (823 als Domna Maria genannt). Ähnlich der Ill bei Altkirch tritt hier die Larg (Largue) aus der Hügelzone heraus und strebt gegen NE der Ill zu. Die gleiche Senke benützt der Rhein-Rhône-Kanal, dessen beim Schleusen entstehenden Wasserverluste durch einen von der Larg bei Friesen (Name! s. oben Franken, Schwoben!) abgeleiteten Kanal bei Valdieu ersetzt werden. Die Lage in einem sechsstrahligen Strassenstern, nahe der Wasserscheide und in einer Rodungsachse inmitten ausgedehnter Waldungen muss schon zur Römerzeit Bedeutung besessen haben und früh christianisiert worden sein (vgl. Marien-Münster im Kastell Basilia). Man kann Dammerkirch als Flecken bezeichnen, der samt seiner Mutterkirche immer wieder ungeschützt den kriegerischen Auseinandersetzungen preisgegeben war. Ab 1910 zweigte hier eine Bahnlinie nach Pfetterhouse (bis 1970) – Bonfol (bis 1939) ab, von welcher nur noch die Verbindung Bonfol – Porrentruy existiert. Es handelte sich um eine strategische Bahn längs der bis 1918 bestehenden deutsch-französischen Grenze. Dammerkirch macht heute einen städtischen Eindruck, Ausdruck seiner Marktfunktion im ländlichen Bezirk an der Grenze zwischen Haut-Rhin und Territoire de Belfort; sein Rivale ist Delle an der Schweizer Grenze. Wir verlassen das Städtchen in Richtung Belfort (D419) und sehen links den berühmten Eisenbahnviadukt der Linie Basel – Paris über die Larg (erbaut 1858, in allen Kriegen zerstört).

Viadukt von Dannemarie über das breite Largtal (Photo Scherding)

Zwei *geomorphologische Beobachtungen* drängen sich auf:
– der Richtungswechsel von Ill und Larg ist eine Folge der Ablenkung der Sundgauer Flüsse gegen die tiefere Erosionsbasis des Rheingrabens. Der Anstieg E der Wasserscheide ist steiler als im W, gegen den Doubs (vgl. unten).

— Die Talwege von Ill und Larg sind viel breiter als es der Wasserführung je entsprochen haben kann. Das führt zur Hypothese, dass diese Senke dem Unterlauf der Vogesenflüsse Doller und Thur entspreche, die vor dem Absinken des Rheingrabens gegen S und W flossen, womit auch die vor der Jurafaltung zu datierende Ablagerung von Vogesenschottern im Delsberger Becken zu erklären wäre.

Nach Retzwiller nähern sich Strasse, Bahn und Rhein-Rhône-Kanal einander (Schleusentreppe rechter Hand, 40 m Höhenunterschied auf 2 km). Bei Valdieu befindet sich der tiefste Punkt der *Wasserscheide* zwischen Rhein und Rhône in der Burgunder Pforte (346 m). Nach Unterquerung der Bahnlinie Halt bei der Kapelle und zu Fuss nach rechts, wo der von der Larg abgeleitete Kanal den gegen E gerichteten Strang alimentiert, während Lutter (Lutran) und Suarcine das Scheitelstück und der R. de St-Nicolas den gegen Westen absteigenden Kanalabschnitt mit Wasser versehen.

Valdieu: Kanal und Bahn auf der Wasserscheide von Rhein und Rhône. (Photo G. Bienz)

Valdieu (Gottestal, im Volksmund «Grün», Tab. 3) bildet mit Lutran (Luttern), dem ersten welschen Dorf, eine einzige Gemeinde. Von dort fahren wir nach Süden, über *Suarce* nach *Faverois* (Tab. 3), was uns besonders im letzten Teile einen Einblick in die Weiherlandschaft erlaubt. Dieser Abstecher in den *welschen Sundgau* gestattet folgende Beobachtungen:
Wir queren den Hohen Sundgau mit seinen *Teichen,* die E der Larg noch wenig zahlreich und klein (5–20 a) sind, jenseits der Departementsgrenze und Wasserscheide vor allem in den Waldgebieten aber an Zahl und Fläche zunehmen (Banbois, Grand Bois). Hier finden wir auch Einzelhöfe und einen Friedhof der Mennoniten, die nach dem Dreissigjährigen Krieg vom Herzog von Württemberg, dem protestantischen Landesherrn der Grafschaft Mömpelgard (Montbéliard) zur Wiederbesiedlung in diese Gegend gerufen wurden. Die Wasserflächen können 1 ha erreichen und umgeben den mittleren, kultivierten Teil dieser alten Grenzlandschaft. Sie werden gerne von den Zugvögeln aus N und E aufgesucht. Die Anlage der flachen Mulden wurde möglich

Tab. 3: Bevölkerungsentwicklung und Beschäftigungsstruktur in ausgewählten Gemeinden an der Wasserscheide

	1825	1851	1900	1936	1968	1975	1982[c]	1)	2)	3) [c]
Hagenbach	560	710	560	490	550	470	520	127	10	14
Gommersdorf	330	370	300	270	270	350	340	1	3	18
Dannemarie	1 160	1 230	1 120	1 200	1 670	1 950	2 000	1 000	15	5
Valdieu - Lutran	410	440	270	250	240	240	255	11	7	15
Romagny	270	260	160	120	135	167	160	0	9	9
Suarce[e]					270	280	290	14	10	6
Faverois[e]					390	390	400	55	10	1
Réchésy[e]				600	650	720	700	30	80	8

1) Nichtlandwirtschaftliche Arbeitsstellen (C.A.H.R.)
2) Grenzgänger nach der Schweiz (I.N.S.E.E.)
3) Nur landwirtschaftlich Tätige

[c] Angaben der Gemeinden
[e] Territoire de Belfort

Kommentar: Die Bevölkerungsstagnation ist mit dem Hundsbacher Tal vergleichbar; die Zahl der Bauern ist jedoch höher, die der Grenzgänger geringer. Dannemarie erscheint als Hauptanziehungspunkt der Zone.

durch eine saure Lehmschicht aus der Risseiszeit (grösste Eiszeit). Der Lehm ist sehr kalkarm, wasserundurchlässig; die Schotter sind ungleich verteilt, vielleicht wegen eiszeitlicher Senkungen. Schliesslich sind die Niederschläge hier höher als im E Hügelland.

– Die *Siedlungen* sind weniger hübsch als im elsässischen Sundgau und deutlich agrarischer, die Gehöfte stehen weiter auseinander. Man kann kaum von Zügen der Verstädterung reden, obwohl die Zahl der Bauern abnimmt und eine bedeutende Pendelwanderung von Arbeitnehmern, auch nach der Schweiz, existiert.

– Die *Ortsnamen* sind eindeutig welschen Ursprungs, trotz deutscher Besetzung (1870–1918) und alemannischer Nachbarschaft. (Doppelnamen: Romagny = Welschenesch, Suarce = Schwertz, Réchésy = Röschlach). Der alte Dialekt, das «romain», von dem Gibert berichtet, er sei stark von Germanismen (württembergische Kolonisation!) durchsetzt, scheint nur in der Erinnerung fortzuleben. Die Bevölkerung fühlt sich zur Freigrafschaft gehörig, zum Territoire de Belfort und nicht zum Sundgau. Die Sprachgrenze deckt sich im grossen ganzen mit der Wasserscheide zwischen Valdieu und der Ajoie. Im N des Kanals sind während der Annexion des Elsasses durch Deutschland einige Ortschaften französischer Zunge (z.B. Chavannes, Bréchaumont) dem Elsass zugeschlagen worden (Verkehrslinien, Annäherung an die Festung Belfort) und nach 1918 beim Haut-Rhin verblieben.

Von Réchésy Richtung *Pfetterhouse* (Pfetterhausen, Tab. 4), wobei wir am Waldrand die ehemalige Grenze überschreiten. Das grosse Dorf (731 «Petrosa») an der alten Strasse Porrentruy–Altkirch, ehemaliger Grenzbahnhof der internationalen Linie Dannemarie–Bonfol (1910–1939) hat das hübsche Aussehen der Sundgauer Orte. Die starke Entwicklung geht auf die aus der Schweiz eingeführte Uhrenindustrie zurück (1907–14: von ca. 1200 E. waren 300 Schweizer, 52 Uhrenateliers). Heute arbeitet fast die Hälfte der Werktätigen in der Schweiz und nur ein Drittel hat ihren Arbeitsplatz im Dorf. Auf der Weiterfahrt nach Courtavon durchqueren wir den schweizerischen Largzipfel (Südende der Front von 1914–18, Gehöft Le Largin an der Larg).

3.2.5 Pfirter Jura

In *Courtavon* (Tab. 4), einem der niederschlagsreichsten Gebiete des Sundgaus (100 cm/Jahr), erreichen wir den Fuss des Sundgauer Juras. Auf dem Kirchplatz stehen drei Grenzsteine mit den Wappen der Pfirter Grafen, der Habsburger und des französischen Königs, in gewissem Sinne eine kurzgefasste Geschichte dieses Landstrichs. An der Strassenkreuzung in Richtung *Levoncourt* (Luffendorf, nach 1648 deutschsprachig geworden) im obersten Largtal: Heute spricht man hier und in Courtavon den Dialekt der Ajoie. Die Larg durchbricht in einer 200 m breiten Klus den N Faltenzug des Pfirter Juras, der sich halbmondförmig nach N vorschiebt und bei Oltingen endigt. S davon erstreckt sich W–E der Glaserberg, wo die Ill entspringt. Nach der Klus, am Wege nach Winkel, zweigt rechts ein schlechter Fahrweg nach den Ruinen von *Morimont* (Mörsberg) ab. Diese bedeutendste Burganlage des Oberelsasses wurde von den Grafen von Pfirt erbaut und den Herren von Morimont zu Lehen gegeben, 1271 dem Bischof von Basel verkauft, der sie den Pfirtern zurückgab. Das Erdbeben von 1356 beschädigte die Anlage, die 1445 von den Eidgenossen zerstört wurde. Der Neubau des Peter von Mörsberg (nach burgundischem Muster, Mauer mit 7 vorspringenden Türmen) wurde von den französischen Truppen 1637 angezündet. Die Festung krönt das W-Ende eines Kalksporns, der die Klus von Levoncourt und die dahinter liegende Combe beherrscht, in

Morimont (Mörsberg) im Elsässer Jura (Photo Scherding)

der ein Einzelhof, Nachfahre eines Landsitzes des 18. Jhs. (Baumallee), Viehzucht betreibt. Dies gilt auch für die Mulde von Oberlarg. Die Largquelle erreicht man über einen Feldweg (rechts vom Friedhof), der auch zu den im Pfirter Jura häufigen Halbhöhlen (abri-sous-roche, «Mannelefelsen», Höhlen für Zwerge) führt, in denen die Archäologen der Universität Strassburg den Spuren steinzeitlicher Besiedlung nachgehen. Das Martins-Patrozinium der Kirche von Oberlarg lässt auf einen fränkischen Stützpunkt schliessen und dies wiederum auf früher bedeutendere Wege am Juranordfuss und über den Jura nach S.
Die Wasserscheide zur Ill (601 m) trägt eine einsame, von Linden und Buchen umgebene Kapelle («Hohe Muttergottes», am Herrenweg Lützel–Durlinsdorf). Der Kapelle gegenüber eine merkwürdige, im Jura seltene Heidelandschaft. Am Ostende des Strassendorfs *Winkel* (Tab. 4) dem Wegweiser «Source de l'Ill» folgen. In Wirklichkeit ist die Ill ein Karstfluss, der hier unter einer Kuppel gezeigte Quelltopf ist nur einer von mehreren. Bei reichlichem Wasserstand in den Höhlensystemen beginnt die Ill schon hier, in der N Combe des Glaserbergs, zu fliessen, gewöhnlich erfolgt der Wasseraustritt (von der Strasse erkennbar) bei Ligsdorf. Glaserberg und Pfirter Jura gehören zum sog. gefalteten Tafeljura wie der Blauen im E: Es ist ihnen gemeinsam eine vorgelagerte Platte im S und ein steiler Abfall gegen N.
Von Winkel kann man auf zwei Strassen Pfirt (Ferrette) erreichen: a) für geologisch Interessierte über Durlinsdorf (an der Strasse nach Moernach zwei Steinbrüche mit der typischen Doggerserie von Mergeln und Kalken, mit eisenhaltigen Oolithen des Hauptrogensteins im unteren, einst vom Kloster Lützel ausgebeuteten Steinbruch, heute Strassenschotter); b) über Ligsdorf.
Ungefähr einen Kilometer nach der Abzweigung nach Durlinsdorf verschwindet die Ill, und wir haben bis 800 m vor Ligsdorf rechts ein Trockental vor uns; daher der Sundgauer Spruch: «Die Ill geht, wie sie will!» Nach Ligsdorf durchfliesst die Ill das weite Becken von Oltingen, wir aber wenden uns nach N und erreichen durch ein enges Tal *Pfirt* (Ferrette). Parkmöglichkeit bei der Kirche.
Wir sind im ältesten städtischen Gemeinwesen des Sundgaus, das am Fusse des Schlossbergs liegt, zu dem wir durch die rue du Château

Pfirt: Stadt und Burg von W (Photo Scherding)

hinaufsteigen. Die zweifenstrigen Häuser sind traufständig an der Gasse aufgereiht, im Erdgeschoss gewerblich genützt, darüber die Wohnung. Eigentlich war diese mit zwei Toren abgeschlossene Häuserzeile eine Art Vorburg, die zur Unterbringung der Dienstleute des Grafen bestimmt war (30 Häuser bis Ende des 16. Jhs.) und gleichzeitig Sperrfunktionen hatte (vgl. Waldenburg). Neben dem Städtchen gibt es 2 km NW das Dorf Altpfirt (Vieux-Ferrette). Der Name könnte von Piretum = Birnbaumpflanzung stammen (mit Lautverschiebung im 13. Jh. «Pfirta»). Pfirt ist jünger als die umliegenden Dörfer und erhielt bei seiner Gründung bedeutende Rechte in den Gemarkungen der Nachbargemeinden (Brennholz, Viehweiden, bis 1865).
Am Renaissance-Rathaus (rechts, 1570), erinnern uns die beiden Fische an die Grafen von Pfirt, der weisse Balken im roten Feld an die Habsburger (seit 1324). Durch das untere Tor (16. Jh.) in die Vorburg, 100 m weiter das obere Tor, hernach der viereckige Turm aus dem 13. Jh. Am Weg zum oberen Schloss passiert man einen Grenzstein (1773) der Mazarins und der Bischöfe von Basel, die im Pfirter Jura Nachbarn waren. Die obere Burganlage wurde durch das Erdbeben, das 1356 auch Basel zerstörte, stark beschädigt, 1445 von den Baslern angezündet und 1789 von einer Bauernrotte aus der Belforter Gegend endgültig niedergelegt. Die Reste wurden nach dem Zweiten Weltkrieg gesichert und mit einer schönen Aussichtsterrasse versehen. Von hier, dem Bergfried des alten Schlosses, geniesst man einen guten *Ausblick:* Die Burg beherrscht eine Halbklus des N Sundgauer Juras, dessen Bogen man im W und E sieht. Im S verlaufen parallel dazu oberstes Illtal und Glaserberg; im N schweift das Auge über die Hügelwellen des Sundgaus bei klarem Wetter bis zu den Vogesen. Im NE ahnt man Rheinebene und Schwarzwald, im NW die Burgunder Pforte. In dieser Juralandschaft, wo die Kalksteinbänke formgebend sind, stimmen geologischer Bau und Relief überein; den Antiklinalen entsprechen die Rücken, die Mulden sind echte Synklinalen. Die gegen N vorstehenden Falten fallen steil in den Rheingraben ab, ähnlich dem Mülhauser Horst (Rebberg), der sich zwischen den Gräben von Sierentz–Allschwil und Dannemarie–Montbéliard hinzieht. Eine ganze Anzahl vom Vogesenclub beschilderter Wanderwege (Führer beim Verkehrsverein) bietet

Tab. 4: Bevölkerungsentwicklung und Beschäftigungsstruktur in ausgewählten Gemeinden: Jura, oberes Illtal

	1826	1851	1900	1936	1968	1975	1982 c)	1)	2)	3) c)
Pfetterhouse	930	960	920	900	800	900	1 000	140	200	18
Courtavon	510	600	460	340	300	290	280	18	40	9
Winkel	700	700	510	420	360	330	320	32	60	2
Ferrette	730	730	510	420	800	780	790	132	80	0
Feldbach	320	380	280	270	310	330	320	50	40	10
Grentzingen	650	680	500	470	510	500	500	22	40	3
Oberdorf	590	500	520	460	420	450	450	100	50	4
Waldighofen	640	750	850	900	970	1 040	1 100	380	60	4
Muespach	920	980	740	650	630	670	800	10	50	10
Muespach-le-Haut	540	520	470	430	470	550	620	15	200	6
Folgensbourg	660	690	520	480	530	600	590	43	150	12
Hagenthal-le-Bas	930	1060	720	700	750	810	800	63	170	6

c) Angaben der Gemeinden

1) Nichtlandwirtschaftliche Arbeitsstellen (C.A.H.R.)
2) Grenzgänger nach der Schweiz (I.N.S.E.E.)
3) Nur landwirtschaftlich Tätige

Kommentar: Im Sundgauer Jura und im oberen Illtal ist die Zahl der Grenzgänger beachtlich, trotz Arbeitsplätzen im näheren Umkreis. Nur Waldighofen verzeichnet ein regelmässiges Wachstum (Industrie, Gewerbe, Handel), während Pfirt in den letzten 20 Jahren stagniert.

nicht nur Erholung in einer abwechslungsreichen Landschaft, sondern erlaubt auch die Beobachtung von Verkarstungserscheinungen im zerklüfteten Malmkalk (Sequan, «Grotte des Nains» oder «Erdwibelefelsen»).

Einige Bemerkungen zur *Geschichte:* Die Grafen stammten aus dem Geschlecht der Bar-Montbéliard und waren verschwägert mit den Familien von Egisheim und Soyhières im Birstal. Die Burg sass am alten Weg aus dem Oberelsass durch den Jura, über die Pierre Pertuis, hinüber zum Grossen St. Bernhard. So ist es verständlich, dass Papst Leo IX. (1048–54), aus dem Geschlechte der Egisheimer Grafen, auf seinem Wege von Italien ins heimatliche Elsass diesen Weg wählte und bei der Gelegenheit auch Kirchen weihte (Vorburg bei Delsberg). Die Grafschaft legte sich über den «Vallum Gallicum», der Germanen und Romanen trennte und trug so dazu bei, die alte Grenze abzubauen (R. Specklin). Noch heute gibt es in diesem Bereich Ortsnamen auf -ach (gall.-acum), so Moernach, Dürmenach. In ihrer grössten Ausdehnung reichte die Grafschaft bis Belfort–Thann–Altkirch–Cernay–Ensisheim, d.h. weit über die geographischen Grenzen des Sundgaus hinaus. Von den durch ihre Ehen begünstigten Habsburgern 1324 erworben und gefördert, litt die Grafschaft in den Kriegen der folgenden Jahrhunderte (s. a.O.). Durch die Gnade Ludwigs XIV. kam sie nach dem Dreissigjährigen Kriege, wie schon erwähnt, in die Hände Mazarins und schliesslich auf merkwürdigen Pfaden an die genuesische Adelsfamilie der Grimaldi, Fürsten von Monaco, die sich noch heute u.a. «Comtes de Ferrette» nennen!

Aus dieser altehrwürdigen Vergangenheit hat das Städtchen Pfirt (Tab. 4) sein *soziologisches Bild* geerbt. Die Bauern spielten bei der geringen Fläche der Gemarkung (192 ha) nie eine Rolle; es gab Beamte (Strassenbau, Forsten, Steuereinnehmer usw.) und Handwerker. Industrien fassten keinen Fuss, trotz einer bis Altpfirt geführten Bahnlinie (1892–1968). Man könnte Pfirt als hilfszentralen Ort im S Sundgau bezeichnen, mit einem Kleinbürgertum, das in Verwaltung und Tourismus, in Handel und Kleingewerbe sein Auskommen findet. Die Gemeinde bemüht sich um die Förderung des Tourismus (Ferienkolonien, Hotels, Wirtschaften, Ausschilderung von Wanderwegen). Die Pfirter Gegend erscheint als eine landwirtschaftliche Extensivzone mit allgemein schwacher Bevölkerungszunahme und mit sehr geringer Verstädterungstendenz (W. Gallusser) und einem patriarchalischen Einschlag (G. Bach).

1972 ist der ganze Pfirter Jura zur «zone pittoresque» erklärt worden, was zur Folge hat, dass in jedem Dorf eine «zone de chalets» (lies Zweithäuser, Wochenend- oder Ferienhäuser) ausgeschieden werden kann, was mit den Sundgauer Haufendörfern und der jurassischen Streusiedlung gar nicht zusammenpasst!

3.2.6 Vom Pfirter Jura über das obere Illtal nach Basel

Wir verlassen Pfirt über die D432, Pfirt–Altkirch, den alten «Herrenweg», werfen einen Blick auf den verlassenen Bahnhof von Vieux-Ferrette und machen uns Gedanken über die französische Eisenbahnpolitik, die Nebenlinien stillegt und dem Autotransport überlässt.

In *Feldbach* (Tab. 4) halten wir gleich nach der Strassenkreuzung, wo die wohl renovierte Kirche eines von Graf Friedrich I. von Pfirt 1144 gestifteten Cluniazenserinnen-Klosters uns freudig überrascht. Sie ist dem hl. Jakobus gewidmet und an dem zuvor erwähnten Weg vom Elsass nach Italien gelegen. Der Basilikalbau diente den Nonnen und dem Dorfe und den Grafen als Grablege. Das Priorat erlitt die Schicksale des ganzen Sundgaus; übrig geblieben ist einzig die Kirche; der

Turm stammt aus dem Ende des 19. Jhs. Wir kehren zur Kreuzung zurück, wenden uns nach E und können nach Riespach an der Strasse einen schönen Aufschluss in der Schotterdecke wahrnehmen (vgl. 3.2.2). Nach Riespach über Oberdorf (Tab. 4) nach *Grentzingen* (ehem. Niederdorf, Tab. 4), wo wir kehren, um auf 3 km, bis Waldighofen, die mit dem Giebel zur Strasse gestellten Sundgauer Gehöfte zu bewundern. Hinter dem Hof und den Wirtschaftsgebäuden dehnt sich der Obstgarten aus. Die Dörfer sind so eng aneinandergebaut, dass z.B. in Grentzingen die Kinder von Henflingen im N und von Oberdorf im S zur Schule gehen, ohne dass sie einen übermässig weiten Weg hätten. Die lange Siedlungszeile am Hügelfuss ist durch die enge Talsohle der Ill bestimmt (Überschwemmungsgefahr).

Der bäuerliche Charakter nimmt gegen *Waldighofen* (aus «Waldo-inghofen», Tab. 4) zu deutlich ab. Hier trafen sich die Linien Altkirch—Pfirt (1892—1968) und Waldighofen—St-Louis (1920—57). In Waldighofen gründeten 1856 drei jüdische Industrielle aus Dürmenach eine Textilfabrik; damals waren die Juden in Frankreich gleichberechtigt, nicht so in Basel, weshalb manche von ihnen im Sundgau wohnten und nur tagsüber in der Stadt ihren Geschäften nachgingen. Die industrielle und gewerbliche Tätigkeit wie auch der Handel geben Waldighofen einen städtischen Charakter und erheben es zum wirtschaftlichen Zentrum des oberen Illtales, das auch auf Roppentzwiller und Dürmenach übergreift. So hat sich hier im sonst ländlichen Sundgau eine Zone der Verdichtung (über 100 E./km^2) gebildet mit deutlichen Ansätzen zur Verstädterung und einem höheren Anteil an Beschäftigten im 2. und 3. Sektor. Waldighofen ist übrigens der Geburtsort des Dichters Nathan Katz (1892—1981).

Nach diesem Abstecher nach Dürmenach biegen wir in Waldighofen Richtung Folgensbourg ab. Der *Gersbach* fliesst wohl im Bereiche eines alten Rheinlaufes und sein Tal gleicht dem des Hundsbaches: steiler Nordhang (alte Poststrasse auf 454 m, Talboden 400 m), flacher Südhang. Die zuvor erwähnte Bahnlinie von St-Louis her folgte dem rutschgefährdeten Nordhang; die Schienen sind abgebrochen und die Trasse ist schon nicht mehr überall deutlich zu erkennen. Nach dem Volksglauben quert von SW nach NE eine Gewitterbahn oder Blitz-

Blick aus der Gegend von Folgensbourg über die Äcker des lössreichen Hügellandes, Richtung Basel. (Photo G. Bienz)

strasse das Tal, wobei zu bemerken ist, dass tatsächlich viele Gewitter dem Jurarand folgen und vom Sundgau her über Basel hereinbrechen. *Muespach* (Tab. 4) heissen, wie mehrfach im E Sundgau, zwei oder gar drei Siedlungen, wobei Nieder- und Mittel-Muespach 1972 fusionierten. Seit dem 13. Jh. bestanden enge Beziehungen zu heute schweizerischem Territorium: Bürger von Basel und die Klöster St. Alban und St. Leonhard hatten Grundbesitz – und die Einwohner waren bekannte Schmuggler! 1648 standen von Muespach noch drei Häuser, die andern hatte auch in diesem stillen Tal der Krieg in Flammen aufgehen lassen. Bauern aus der Schweiz und aus Oesterreich wurden nach dem Westfälischen Frieden in Muespach angesiedelt, eine konservative bäuerliche Bevölkerung, die den Anstoss zur Vertreibung der Juden aus Dürmenach gab (sog. «Judenrumpel», 1848/49). Der Geist hat sich gewandelt: Pendler und Grenzgänger haben guten Verdienst und lassen die beiden Dörfer wohlhabend und gepflegt erscheinen.

Bei der Einfahrt in *Folgensbourg* (Tab. 4) rechts ab, Richtung Werentzhouse, und nach 500 m anhalten, um die prächtige Aussicht zu geniessen: Gegen E die Agglomeration Basel in etwa 10 km Distanz, im SE das Gempenplateau (gehobener Teil des Tafeljuras) mit dem Aussichtsturm über der Fluh, daran gegen S anschliessend die Ketten des Blauen, des Rämel und des Glaserbergs, im W schliesslich das Hügelmeer des Sundgaus und der Pfirter Jura mit der Schlossilhouette. Im NE, über dem Steilabfall der Hügel zur Rheinebene (140 m Höhendifferenz auf 5 km), die Rheinebene und die mit Reben bepflanzten Hänge der Markgräfler Hügel mit dem Schwarzwald als Kulisse.

Wir kehren nach Folgensbourg (früher Volkensberg) zurück, dem höchstgelegenen Dorf des E Sundgaus (470 m). Die Häuser sind an zwei parallelen Strassen aufgereiht, an der unteren die stattliche Kirche mit einem Hochaltar des 18. Jhs. aus dem benachbarten, säkularisierten St. Apollinariskloster. An beiden Strassen erfreut man sich an schönen Fachwerkhäusern, so z.B. rue de Delle 34, ein Gehöft von 1834. Folgensbourg liegt an einer alten Strassenkreuzung und dürfte von der Benediktiner-Probstei St. Apollinaris (im Dialekt «Bolleronis»), einer Filiale von Lützel, ausgegangen sein. Das Kloster selbst verdankt seine Entstehung (um 1144) dem Grafen Friedrich I. von Pfirt, der auch St. Morand und Feldbach stiftete. Seit 1921 ist das Gut im Besitze der Basler Familie La Roche, die hier auf 40 ha eine Obstplantage mit 2500 halbhohen Bäumen/ha eingerichtet hat. Gegen Wind, Nebel und Frost schützen Pappelreihen, der niedere Wuchs und die Höhenlage. Man darf bei dieser Gelegenheit auf die Rodungsarbeit der Klöster im niedern Sundgau hinweisen, die von den Talsohlen zu den Wasserscheiden fortschritt. Daraus entwickelte sich die traditionelle Landwirtschaft mit Äckern und Weiden. Der Sundgau ist kein Waldgebiet; im Jura dominieren die Nadelhölzer, sonst Eiche, Buche und Hagebuche.

Der Sundgau sollte eine grüne Insel, eine Erholungslandschaft zwischen den Verdichtungsräumen von Basel, Mülhausen und Belfort-Montbéliard bleiben.

Wir zweigen bei der Kirche nach rechts ab und streben über den Liebensberg nach *Hagenthal-le-Bas* (Nieder-Hagenthal, Tab. 4). Wir gelangen in eine ländliche Übergangszone mit einer grossen Zahl von Auspendlern, dies dank der Nähe der Agglomeration Basel mit ihrem starken Arbeitsplatzangebot. Die Grenzgänger betreiben noch Gartenbau, und die Koppelung von industrieller Entlöhnung mit dem Ertrag des eigenen Bodens macht sie wohlhabend. Beide Hagenthal besitzen noch ihr «Schloss»: In Nieder-Hagenthal gehörte es der Familie von Eptingen, Herren zu Neuwiller, in Ober-Hagenthal steht ein Landhaus des 18. Jhs., das von einer Schweizer Familie renoviert wurde. In der Hauptstrasse von Nieder-Hagenthal (Nr. 8) steht ein typisches Bauernhaus des 18. Jhs. mit Steinsockel und Holzlaube auf Stützen. Die beiden

Dörfer sind auf drei Seiten von Wald umgeben, liegen in einer windgeschützten Mulde und pflanzen u.a. Zwetschgenbäume, eine Frucht die der Elsässer sehr liebt. Wie auf anderen Einzelhöfen im niederen Sundgau, so sitzen auch im Lertzbachtal Täufer schweizerischen Ursprungs auf gepflegten Gütern.

Kurz bevor wir nach *Hegenheim* (Tab. 4) gelangen, taucht rechts ein israelitischer Friedhof mit Tausenden von Gräbern seit dem 17. Jh. auf. Seit dieser Zeit gab es in dem Dorfe vor den Toren Basels eine bedeutende jüdische Gemeinde. 1673 erlaubte der Herr von Hegenheim, Achilles von Baerenfels, den Juden den Bau einer Synagoge (im S über dem Dorfe, geschlossen) und gestattete ihnen einen Friedhof, der noch heute benützt wird. 1846 waren von 2151 Einwohnern 785 Israeliten, die tagsüber gegen eine Gebühr im nahen Basel Handel treiben durften.

Das Dorf liegt auf dem Schwemmkegel des Lertzbaches (vgl. 3.2.2: Bartenheim) und wird bereits im 8. Jh. erwähnt. Basel versuchte mehrmals, Hegenheim an sich zu ziehen, doch hatte es damit ebenso wenig Erfolg wie mit Hüningen. Das Schloss aus dem 18. Jh. gehört heute dem Baron von Reinach (vgl. 3.2.4: Hirtzbach).

Man kann nach Basel über Allschwil zurückkehren – ein schweizerisches Sundgauer Dorf – oder über Burgfelden, ein Strassenzeilendorf am Rande der obersten Niederterrassenstufe, das seit 1953 in St-Louis eingemeindet ist. Einige hundert Meter links von uns verläuft die zollfreie Zufahrtsstrasse zum binationalen Flugplatz Basel-Mülhausen, ein weiterer Hinweis auf die enge Verzahnung der Dreiländerecke mit der Basler Agglomeration.

Hegenheim: alte Grabsteine im israelitischen Friedhof. (Photo G. Bienz)

Sachregister

Abatucci (General) 5
Alemannisch 12, 14
Apollinaris 29
Arbeiterbauern 12
Archaismen 1, 12
Asymmetrie (Hänge) 12
Aue (Rhein-) 1, 5, 7, 9
Autobahn 5
Bahnlinien 5, 6, 20, 23, 27, 28
Burgen 23, 25
Dorf (Sundgauer) 10, 17, 28, 29
Dreiländerecke 5
Dynamik (Kulturräumliche) 16
Ernteablauf 9
Fachwerk 18, 29
Faltenjura 1, 23, 25
Flugplatz 5
Gemüsegarten 7
Geologie 11
Geomorphologie 11, 20, 21
Gerichtsort 11
Grenze 1
Grenzgänger 4, 29
Grüner Sundgau 9f, 12, 29
Grundwasser 9
Hafenanlagen 6
Hardtwald 9
Hausbau 18, 19
Hohe Strassen 9, 12
Höhlen 24
Horst 25
Hügel 1, 10
Humangeographie 12
Industrie 16, 23, 28
Juden 29, 30
Karstflusss 24
Klus 14, 15, 23, 25
Kulturbewusstsein 1
Künstler 16

Löss 1, 11
Mennoniten 21, 30
Morandus (St-Morand) 14
Mulde 24, 25
Naturschutzgebiet 9
Niederterrasse 9
Oligocaen 1, 15
Ortsnamen 12, 23
Pendler 1, 5, 29
Poeten 16
Quelltopf 24
Raumnot (Basel) 6
Reinach-Hirtzbach
 (Herren von) 17, 18
Reliktlandschaft 20
Renovationsaktion 18
Riegelbauten 19
Römerstrasse 8
Sannoisien 15
Schotter 1, 9, 11, 28
Siedlung 10, 23, 28
Soziologie 27
Sprachgrenze 1, 23
Ständerbau 19
Steige (Hohe) 14
Steinbrüche 24
Syndikat (Gemeinde-) 12
Talwege 21
Teiche 21
Tramlinie 4
Trockental 24
Tulla 7
Vauban 5, 7
Verstädterungsprozesse 10, 14
Viadukt (Eisenbahn-) 20
Wanderwege 2, 25
Wasserscheide 1, 21f, 24
Wölbäcker 12

Geographische Namen

Ajoie 23
Allschwil 30
Altkirch 1, 11, 13, 14 f
Augst 10
Balschwiller 17
Bartenheim 8, 9, 30
Brinckheim 10
Burgfelden 30
Burgunder Pforte 1, 11, 17, 21, 25
Canal d'Alsace (Grand-) 7
Courtavon 23, 26
Dannemarie 11, 20, 22
  (Dammerkirch)
Durlinsdorf 28
Dürmenach 28
Faverois 21, 22
Feldbach 26, 27
Ferrette 24 ff
Folgensbourg 10, 26, 28, 29
Franken 10, 12, 13
Gersbach 28
Gommersdorf 18, 22
Gottestal (siehe Valdieu)
Grentzingen 26, 28
Hagenbach 17, 22
Hagenthal 26, 29
Hausgauen 11
Hegenheim 8, 30
Helfrantzkirch 10, 13
Hirtzbach 13, 17, 18
Hundsbach 10, 13, 14
Hundsbachertal 10, 12
Huningue 5 f, 8
  (Hüningen)
Ill 23, 24, 25, 28
Jettingen 10, 13
Jura (Pfirter) 23 ff
Kappeln 10
Kembs 7, 10
Larg 1, 11
Largzipfel 23
Lertzbach 30
Levoncourt 23
  (Luffendorf)
Lutran 21, 22
  (Luttern)
Lysbüchel 4
Morimont 23, 24
  (Mörsberg)
Muespach 26, 29
Neudorf (siehe Village-Neuf)
Oberdorf 26, 28
Palmrainbrücke 6
Pfetterhouse 23, 26
  (Pfetterhausen)
Pfirt (siehe Ferrette)
Rantzwiller 10
Réchésy 22, 23
Retzwiller 21
Rhein 1, 6, 7, 11
Rhein-Rhône-Kanal 21
Riespach 28
Rosenau 8, 9
St-Louis 4, 8
Schwoben 12, 14
Suarce 21, 22
Suarcine 21
Tagsdorf 13, 14
Thalbach 10
Territoire de Belfort 22, 23
Valdieu 21
Village-Neuf 7, 8
Volkensberg (siehe Folgensbourg)
Waldighoffen 26, 28
Willer 10
Wittersdorf 14
Winkel 23, 24, 26
Zweigkanal (Hüninger-) 5